하얀 고양이의 이름은
무엇인가요?

검정 고양이의 이름은
무엇인가요?

이 이야기는 베로니카 폴리카르포 Verónica Policarpo와 아나 누네스 드 알메이다 Ana Nunes de Almeida의 프로젝트 "CLAN - 어린이와 동물 사이의 우정: 인간과 비인간 사이의 경계에 도전하다"의 결과를 기반으로 만들어졌습니다. 이 프로젝트에서는 고양이, 개 등 다양한 동물과 6개월 이상 함께 생활한 리스본(포르투갈)의 8세~14세 어린이들, 그리고 그들의 가족(24가구)과 인터뷰를 진행했습니다.

더 자세한 정보는 아래 링크를 통해 확인할 수 있습니다.
http://humananimalstudies.net/pt/clan/

조아나 에스트렐라

야옹!

jujube books

미야아앙!
가르릉
가르릉 가르릉
가르릉
먕!

위이이이이이이잉——!
위이잉—!
챱
챱
챱

킁킁
킁킁

킁킁
킁킁
냐아아아아아옹!

야아아아앙!

콕콕
콕콕

멍!
멍!
멍!
멍!
멍!
멍!
멍!
멍!
멍!

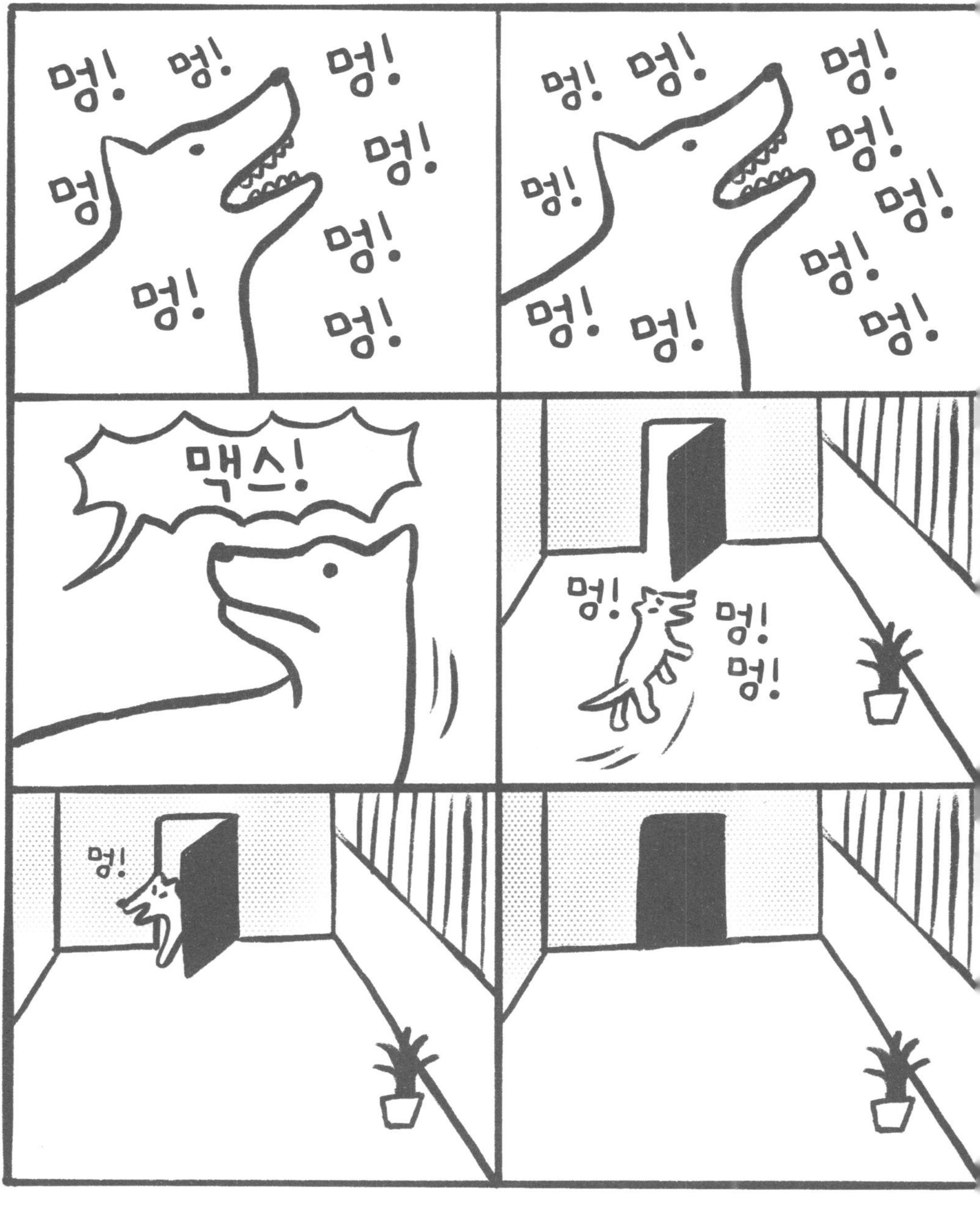
멍! 멍! 멍! 멍! 멍! 멍! 멍!
멍! 멍! 멍! 멍! 멍! 멍! 멍! 멍!
맥스!
멍! 멍! 멍!
멍!

끼루룩!
끼룩끼룩!

이러쿵!
저러쿵!

따르르르
르르르르
르르릉!

먕!
먕!
먕!
먕!

그릉
그릉
그릉

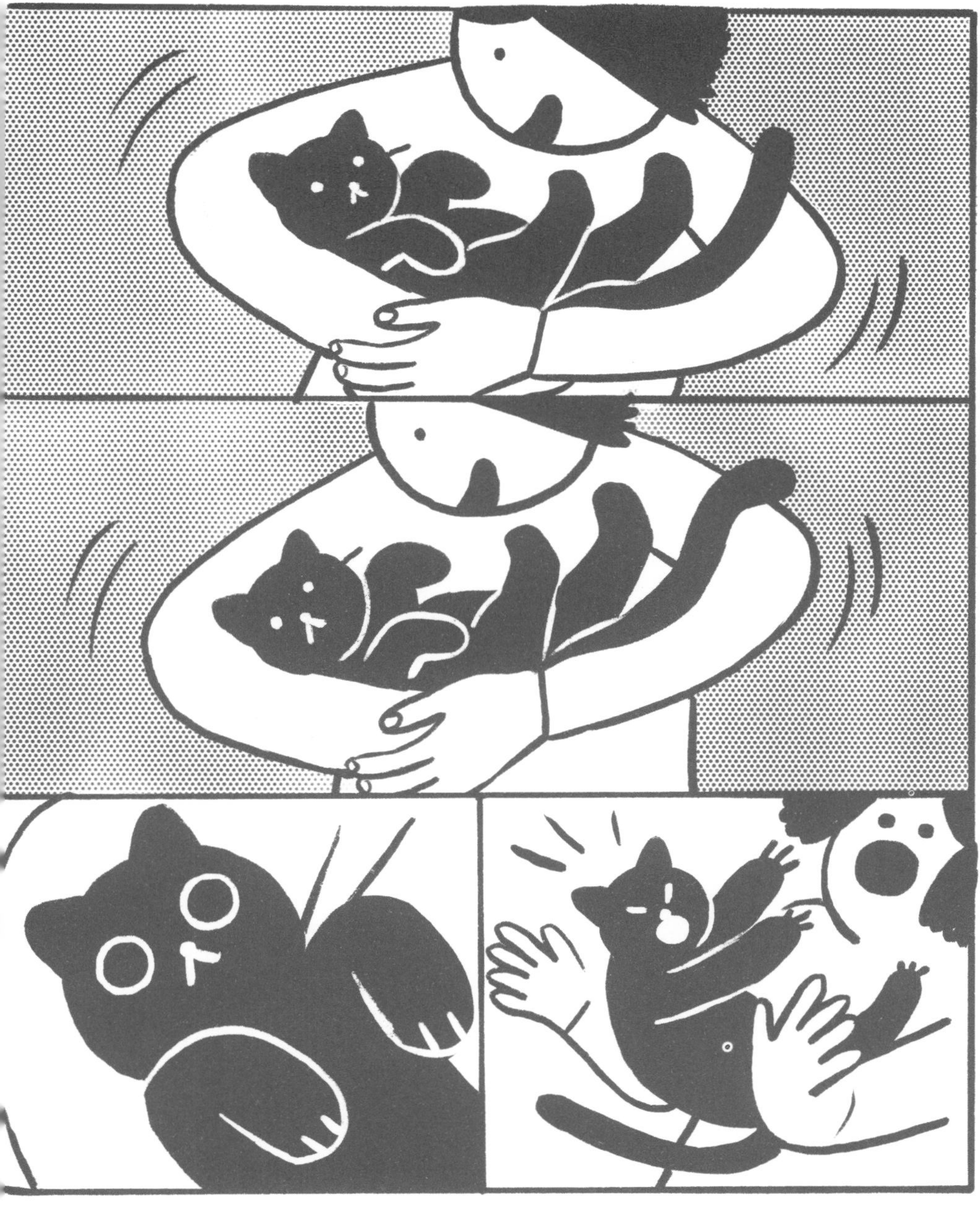

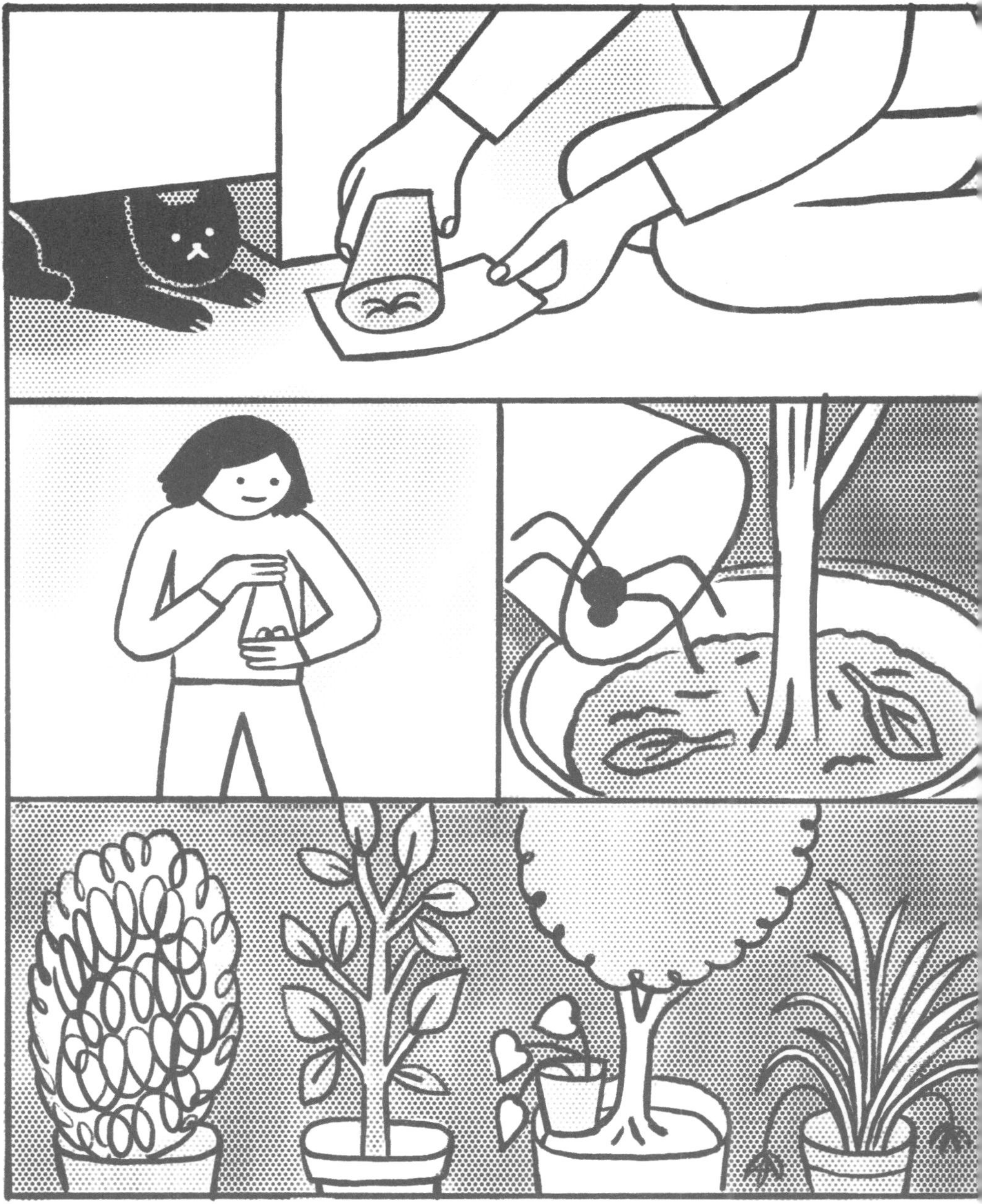

타닥
타닥
타닥

꼬르르르르륵

애옹...

쿵쿵
쿵쿵

야옹!

1판 1쇄 찍음 2023년 9월 25일
1판 1쇄 펴냄 2023년 10월 20일
지은이 조아나 에스트렐라 JOANA ESTRELA
번역 윤상혁
디자인 실버라이닝 스튜디오
제작 357제작소
물류 북스테이
후원 PLATFORM P

펴낸이 윤여준
펴낸곳 쥬쥬베북스
등록 2022-000223호(2022년 2월 17일)
주소 서울 마포구 신촌로2길 19 320호
전자우편 studiojujube.seoul@gmail.com

가격 19,000원
ISBN 979-11-978313-9-3(73870)

jujube books
쥬쥬베북스는 스튜디오 쥬쥬베의 출판브랜드입니다.
헛꽃이 없는 대추처럼, 세상에 꼭 필요한 이야기를 담아 옹골찬 책을 만듭니다.